Cómo Evitar Comer por Ansiedad

Estrategias efectivas para gestionar tus emociones sin recurrir
a la comida

Juan Pablo Soler

Índice

Prólogo

Capítulo 1: Identificando las causas de la ansiedad alimentaria

- 1.1 Diferenciando el hambre física del hambre emocional
- 1.2 Principales detonantes emocionales que llevan a comer
- 1.3 Señales físicas y emocionales de la ansiedad

Capítulo 2: La relación entre emociones y alimentación

- 2.1. Cómo las emociones influyen en tus hábitos alimenticios
- 2.2. Relación entre estrés y el deseo de comer
- 2.3. El ciclo de la culpa y la sobrealimentación

Capítulo 3: Estrategias para identificar y controlar tus emociones

- 3.1. Técnicas para reconocer y nombrar emociones difíciles
- 3.2. Métodos para manejar el estrés sin comer

- 3.3. Cómo mantener la calma ante situaciones desafiantes

Capítulo 4: Crear una conexión positiva con los alimentos

- 4.1. Practicando la alimentación consciente en cada comida
- 4.2. Cambiando la mentalidad sobre los alimentos "prohibidos"
- 4.3. El papel de la gratitud en la alimentación consciente

Capítulo 5: Cómo construir un entorno alimenticio saludable

- 5.1. Eliminando tentaciones y creando espacios sanos
- 5.2. Importancia de la planificación de comidas equilibradas
- 5.3. Preparar snacks saludables que calmen la ansiedad

Capítulo 6: Cambios en el estilo de vida para reducir la ansiedad

- 6.1. El poder de la actividad física para liberar tensión
- 6.2. Técnicas de relajación que reducen el impulso de comer

- 6.3. Dormir bien para combatir la ansiedad y el hambre

Capítulo 7: El papel del autocuidado en la gestión emocional

- 7.1. Cómo el autocuidado reduce el deseo de comer compulsivamente
- 7.2. Crear una rutina diaria que promueva la estabilidad emocional
- 7.3. Actividades placenteras que alivian la ansiedad sin recurrir a comida

Capítulo 8: Cómo el apoyo social reduce el comer por ansiedad

- 8.1. Hablar con amigos y familiares sobre tus emociones
- 8.2. Grupos de apoyo y redes para evitar comer emocionalmente
- 8.3. Crear un sistema de responsabilidad para mantener el control

Capítulo 9: Reentrenando la mente para manejar los antojos

- 9.1. Estrategias para reducir los antojos sin alimentos
- 9.2. Cómo practicar la gratificación diferida para controlar impulsos

- 9.3. El papel de la visualización en la superación de la ansiedad

Capítulo 10: Manteniendo los cambios a largo plazo

- 10.1. Cómo prevenir recaídas en el comer emocional
- 10.2. Reforzando hábitos saludables a lo largo del tiempo
- 10.3. Monitorear tu progreso emocional y alimenticio regularmente

Agradecimientos

Prólogo

En nuestra vida cotidiana, la comida no solo sirve para nutrir el cuerpo, sino que también puede convertirse en una respuesta emocional ante el estrés, la tristeza o la ansiedad. Comer para sentir alivio momentáneo es un hábito que muchas personas desarrollan sin darse cuenta, lo que a menudo lleva a un ciclo de culpa, frustración y descontrol. El problema no reside solo en lo que comemos, sino en por qué lo hacemos.

Este libro, nace de la necesidad de comprender y abordar una de las formas más comunes de respuesta emocional en la sociedad actual: el comer por ansiedad. A través de las páginas que seguirán, exploraré en profundidad cómo las emociones no resueltas influyen en nuestros hábitos alimenticios y, lo más importante, cómo podemos desarrollar herramientas efectivas para gestionar estas emociones sin depender de la comida como mecanismo de escape.

Aquí no encontrarás fórmulas mágicas ni soluciones instantáneas, sino estrategias prácticas y respaldadas por estudios que te ayudarán a reconectar con tu cuerpo, entender tus emociones y adoptar un enfoque consciente hacia la alimentación. En lugar de luchar contra tus sentimientos, aprenderás a gestionarlos de una manera que no solo mejora tu relación con la comida, sino también contigo mismo.

Este libro está diseñado para guiarte a través de un viaje de autodescubrimiento, mostrándote que la verdadera solución no está en controlar estrictamente tu dieta, sino en entender los detonantes emocionales que te llevan a comer. Desde la identificación de tus emociones hasta la implementación de estrategias de autocuidado, este enfoque integral te ayudará a transformar la forma en que manejas la ansiedad y otros sentimientos difíciles.

Al final, el objetivo no es simplemente evitar comer por ansiedad, sino desarrollar una relación más saludable con la comida y con tus emociones. Este viaje requiere paciencia y autocompasión, y este libro será tu compañero a lo largo del proceso.

Bienvenido a una nueva manera de abordar tus emociones. Es hora de liberarte del ciclo de la comida por ansiedad y encontrar soluciones duraderas que promuevan tu bienestar físico y emocional.

Capítulo 1: Identificando las causas de la ansiedad alimentaria

Cuando sientes una fuerte necesidad de comer, puede que no siempre se trate de hambre física. A veces, esa urgencia está más relacionada con tus emociones que con una verdadera necesidad de alimento. Identificar las causas detrás de esta ansiedad alimentaria es el primer paso para recuperar el control sobre tus hábitos y dejar de usar la comida como una vía de escape emocional. Al comprender mejor lo que ocurre en tu cuerpo y en tu mente, podrás empezar a distinguir cuándo realmente necesitas comer y cuándo solo estás respondiendo a tus emociones.

En este capítulo, te ayudaré a reconocer las diferencias entre el hambre física y el hambre emocional. Te invitaré a explorar los detonantes emocionales más comunes que te llevan a comer y cómo estos pueden influir en tus decisiones alimenticias sin que te des cuenta. Además, aprenderás a identificar las señales tanto físicas como emocionales que preceden a la ansiedad alimentaria, lo que te permitirá anticiparte y gestionar mejor estos momentos antes de recurrir a la comida.

- **1.1 Diferenciando el hambre física del hambre emocional**

Diferenciar el hambre física del hambre emocional es clave para evitar comer por ansiedad. El hambre física es una necesidad biológica que aparece de forma gradual y responde a la falta de nutrientes en el cuerpo. Se manifiesta con señales como el estómago vacío, gruñidos, o una ligera sensación de debilidad. Además, puede satisfacerse con cualquier tipo de alimento y desaparece una vez que se ha comido una cantidad suficiente para nutrir al cuerpo.

Por otro lado, el hambre emocional está impulsada por sentimientos como el estrés, la tristeza, la frustración o incluso el aburrimiento. Es un impulso repentino que te lleva a buscar alimentos específicos, generalmente altos en azúcar, grasas o carbohidratos, que te proporcionan una sensación temporal de alivio o placer. Este tipo de hambre no responde a la necesidad física, sino a una búsqueda de consuelo emocional. A menudo, después de comer por hambre emocional, puedes experimentar culpa o arrepentimiento, ya que no responde a una necesidad genuina del cuerpo.

Para aprender a diferenciar entre ambos tipos de hambre, es útil prestar atención a las señales que tu cuerpo te da. Cuando sientes hambre, haz una pausa y pregúntate si has comido recientemente y si tu estómago muestra signos claros de hambre física. Si el hambre ha surgido de forma repentina o estás buscando un alimento en particular para sentirte mejor, es probable que se trate de hambre emocional. Identificar el desencadenante emocional es importante: ¿estás estresado, ansioso o aburrido?

Una técnica eficaz para lidiar con el hambre emocional es esperar unos minutos antes de actuar. Durante ese tiempo, puedes intentar distraerte con una actividad diferente, como dar un paseo, practicar una técnica de respiración profunda o simplemente beber un vaso de agua. Si después de este tiempo la sensación de hambre persiste y es física, come algo nutritivo. Si la urgencia de comer desaparece o disminuye, era hambre emocional.

Con el tiempo, esta práctica te permitirá ser más consciente de tus impulsos, ayudándote a reducir la frecuencia con la que comes para aliviar emociones y a tomar decisiones más equilibradas para tu bienestar.

- **1.2 Principales detonantes emocionales que llevan a comer**

Existen varios detonantes emocionales que pueden llevarte a comer por ansiedad. Entender qué situaciones o emociones desencadenan este comportamiento es crucial para poder gestionarlo de manera efectiva. El estrés es uno de los principales detonantes. Cuando te sientes abrumado por responsabilidades o presiones, tu cuerpo produce cortisol, una hormona que aumenta el apetito y te lleva a buscar alimentos reconfortantes, generalmente aquellos altos en azúcar o grasa. Comer bajo estrés puede convertirse en un hábito porque alivia temporalmente la tensión, aunque luego suele generar sentimientos de culpa o insatisfacción.

La tristeza es otro factor común que impulsa a muchas personas a comer. Sentirse emocionalmente agotado o deprimido puede crear un vacío emocional que intentas llenar con comida. Este tipo de alimentación suele estar ligado a la necesidad de consuelo, especialmente si ciertos alimentos te recuerdan momentos felices o te brindan placer inmediato. Sin embargo, comer por tristeza rara vez soluciona el problema emocional subyacente y, en cambio, puede agravar el malestar emocional al generar culpa o malestar físico.

La soledad también puede llevar a comer por razones emocionales. Cuando te sientes desconectado de los demás, la comida puede convertirse en una compañía temporal. Este tipo de comportamiento está relacionado con la necesidad de confort y pertenencia, y puede perpetuar un ciclo en el que la comida se convierte en una fuente de consuelo en lugar de una necesidad nutricional.

El aburrimiento es otro detonante frecuente. Cuando no tienes nada que hacer o te sientes insatisfecho, recurrir a la comida se convierte en una distracción rápida y placentera. En estos casos, no comes por hambre, sino porque estás buscando llenar un vacío en tu tiempo o en tu mente.

Para identificar estos detonantes emocionales, es importante prestar atención a los momentos en los que sientes la necesidad de comer sin tener hambre física. Llevar un diario donde anotes las emociones que experimentas antes de comer puede ser una herramienta útil para reconocer patrones. A medida que te vuelves más consciente de los detonantes emocionales que influyen en tus hábitos alimenticios, podrás desarrollar estrategias más saludables para manejar esas emociones sin recurrir a la comida como una solución rápida.

- **1.3 Señales físicas y emocionales de la ansiedad**

Reconocer las señales físicas y emocionales de la ansiedad es esencial para manejarla de manera efectiva y evitar que te lleve a comer en exceso. La ansiedad puede manifestarse de muchas formas, y aprender a identificar estas señales te permitirá tomar medidas antes de recurrir a la comida como un escape.

Tensión muscular

Una de las señales físicas más comunes de la ansiedad es la tensión muscular. Puedes notar que tus hombros se elevan, tu mandíbula se tensa o sientes rigidez en el cuello y la espalda. Este tipo de tensión es una respuesta del cuerpo al estrés y la inquietud, y muchas veces pasa desapercibida hasta que se vuelve abrumadora. Para aliviar esta tensión, realizar estiramientos o ejercicios de respiración profunda puede ser útil.

Latidos cardíacos acelerados

Cuando te sientes ansioso, es común que tu ritmo cardíaco se acelere. Este es un reflejo del sistema nervioso en respuesta a una sensación de amenaza, incluso si esta amenaza es emocional. Si sientes que tu corazón late más rápido de lo normal o que experimentas palpitaciones, es una señal de que tu ansiedad está aumentando. En estos casos, enfocarte en la respiración lenta y profunda puede ayudarte a calmar el sistema nervioso y reducir la urgencia de comer.

Inquietud

La inquietud física, como el movimiento constante de las manos o piernas, es otra señal de ansiedad. Cuando no puedes quedarte quieto o te sientes incapaz de relajarte, es una indicación de que estás emocionalmente alterado. Reconocer esta señal te permitirá tomar una pausa y practicar actividades relajantes, como una caminata breve o escuchar música tranquila.

Irritabilidad o frustración

Emocionalmente, la ansiedad puede manifestarse como irritabilidad o frustración. Si te das cuenta de que estás más irritable de lo normal, o si te sientes fácilmente frustrado, esto puede ser una señal de que tu ansiedad está presente. En estos momentos, en lugar de buscar consuelo en la comida, es útil detenerse y evaluar qué está causando esa irritación.

Dificultad para concentrarte

Otra señal emocional de la ansiedad es la dificultad para concentrarte. Si te cuesta enfocarte en una tarea o te sientes abrumado por pensamientos constantes, es probable que la ansiedad esté interfiriendo. En lugar de usar la comida como distracción, intenta tomar pequeños descansos para despejar tu mente y reducir la sobrecarga emocional.

Al aprender a reconocer estas señales físicas y emocionales, podrás detectar la ansiedad antes de que se vuelva abrumadora y evitar que afecte tus hábitos alimenticios.

Capítulo 2: La relación entre emociones y alimentación

Tu relación con la comida está más conectada a tus emociones de lo que podrías imaginar. En muchas ocasiones, las decisiones que tomas sobre lo que comes no están motivadas por hambre, sino por cómo te sientes en ese momento. El estrés, la tristeza, la frustración e incluso la alegría pueden influir en tus hábitos alimenticios, llevándote a comer más de lo necesario o a buscar ciertos alimentos para sentirte mejor.

En este capítulo, profundizaré en cómo las emociones impactan tu alimentación, desde el modo en que el estrés puede hacerte buscar consuelo en la comida, hasta cómo las emociones negativas pueden perpetuar un ciclo de culpa y sobrealimentación. Aprenderás a identificar estos patrones para que, poco a poco, puedas romperlos y construir una relación más equilibrada y consciente con la comida.

- **2.1. Cómo las emociones influyen en tus hábitos alimenticios**

Las emociones juegan un papel fundamental en la manera en que te relacionas con la comida. Cada emoción que experimentas ya sea positiva o negativa, puede influir en tus decisiones alimenticias sin que a veces te des cuenta. Las emociones afectan tanto tu apetito como el tipo de alimentos que eliges consumir. Cuando te sientes triste, estresado, ansioso o incluso feliz, es común que tu cuerpo reaccione de forma automática, llevándote a buscar consuelo o celebración en la comida. Este fenómeno ocurre porque tu cerebro asocia ciertos alimentos con alivio emocional, bienestar o placer.

En momentos de estrés o ansiedad, por ejemplo, el cuerpo activa mecanismos de supervivencia que, entre otras cosas, pueden alterar tu apetito. Algunas personas experimentan una disminución del hambre cuando están estresadas, mientras que otras sienten un aumento repentino del apetito, particularmente por alimentos ricos en carbohidratos o azúcares. Esto se debe a que tu cerebro busca formas rápidas de aumentar los niveles de serotonina, una hormona que te hace sentir bien temporalmente. El problema es que este alivio emocional es breve y generalmente seguido de sentimientos de culpa o malestar físico, lo que perpetúa un ciclo de comer para regular emociones.

Por otro lado, las emociones positivas también pueden influir en tus hábitos alimenticios. Es posible que asocies la comida con momentos de celebración, y eso te lleve a comer en exceso durante reuniones sociales o cuando estás de buen humor. En este caso, la comida se convierte en una parte integral de la experiencia emocional, y a veces se pierde la noción de cuánto se está comiendo debido a la distracción y la conexión emocional que sientes.

Lo importante es reconocer que las emociones influyen de manera directa en tus hábitos alimenticios y que no siempre comes solo por hambre física. Para manejar esta influencia, es esencial aprender a separar las emociones del acto de comer. Esto puede lograrse a través de la autoconciencia, tomando un momento para preguntarte si realmente tienes hambre o si es una emoción la que está dirigiendo tu apetito. Si te tomas el tiempo para identificar la emoción detrás del impulso de comer, estarás un paso más cerca de controlar tus hábitos alimenticios de manera consciente y saludable.

- **2.2. Relación entre estrés y el deseo de comer**

El estrés es un factor significativo que puede aumentar el deseo de comer, y entender esta relación es esencial para gestionar tus hábitos alimenticios de manera efectiva. Cuando experimentas estrés, tu cuerpo activa una respuesta biológica conocida como "lucha o huida", que libera hormonas como el cortisol y la adrenalina. Estas hormonas están diseñadas para prepararte para enfrentar una amenaza, pero también pueden desencadenar cambios en tus hábitos alimenticios. En muchas personas, el cortisol, en particular, está relacionado con un aumento del apetito, especialmente por alimentos altos en azúcares y grasas.

Cuando estás estresado, es común buscar consuelo en la comida. Esta búsqueda se convierte en una forma de lidiar con las emociones incómodas. Consumir alimentos, especialmente aquellos que son reconfortantes, puede ofrecer una sensación temporal de alivio. La comida puede actuar como una distracción que te aleja de las fuentes de estrés, brindándote un momento de placer que a menudo se traduce en un impulso por comer más de lo habitual. Este patrón de comportamiento se convierte en un mecanismo de afrontamiento, donde la comida se utiliza para calmar la ansiedad o la tensión emocional.

Es fundamental reconocer que este deseo de comer en respuesta al estrés no es solo un problema emocional, sino que también tiene una base fisiológica. La conexión entre el estrés y el deseo de comer está profundamente arraigada en cómo tu cuerpo responde a las emociones. Por ejemplo, algunas personas experimentan antojos intensos por alimentos específicos cuando están bajo presión. Esto se debe a que el cuerpo asocia esos alimentos con recompensas y gratificación. Además, el consumo de estos alimentos puede llevar a un ciclo de retroalimentación negativa: el alivio temporal que sientes al comer puede ser seguido por sentimientos de culpa, lo que a su vez puede llevar a más estrés y, por ende, a más comida.

La clave para romper este ciclo radica en ser consciente de tus emociones y de cómo el estrés afecta tu comportamiento alimentario. Aprender a manejar el estrés a través de métodos alternativos, como el ejercicio, la meditación o técnicas de respiración, puede ser más efectivo que recurrir a la comida como forma de alivio. Al identificar cuándo comes por estrés, en lugar de hambre real, puedes comenzar a tomar decisiones más saludables que no solo beneficien tu cuerpo, sino también tu bienestar emocional.

- **2.3. El ciclo de la culpa y la sobrealimentación**

El ciclo de la culpa y la sobrealimentación es una trampa emocional en la que muchas personas caen, y comprenderlo es crucial para romper este patrón autodestructivo. Después de haber comido en exceso, es común que sientas un fuerte sentimiento de culpa y vergüenza. Esta culpa puede surgir por la percepción de haber fallado en tus objetivos de alimentación saludable o simplemente por no haber controlado tus impulsos. Lo que muchas veces no te das cuenta es que este ciclo de culpa puede llevarte a un comportamiento aún más problemático: la sobrealimentación.

Cuando experimentas culpa por lo que has comido, esta emoción negativa puede desencadenar una respuesta emocional intensa. En lugar de aprender de la experiencia y tratar de entender las razones detrás de tu comportamiento, es probable que busques consuelo de nuevo en la comida. Esta es la primera fase del ciclo: comes en exceso como respuesta a la ansiedad que te provoca la culpa. Es un mecanismo de defensa que te ofrece un alivio momentáneo, pero que, a la larga, solo agrava el problema.

Después de un episodio de sobrealimentación, la culpa se intensifica. Te miras en el espejo y te sientes decepcionado contigo mismo. Las emociones de frustración y desesperanza pueden ser abrumadoras, lo que puede llevarte a un estado de desánimo. Algunas personas responden a esto con una actitud de "ya que he fallado, podría comer lo que quiera", perpetuando así el ciclo. Este comportamiento puede convertirse en una serie de excesos que parece no tener fin, llevando a un deterioro de la salud física y emocional.

Para romper este ciclo, es importante trabajar en tu autoconciencia y en cómo te hablas a ti mismo. En lugar de castigar tus decisiones alimentarias, es fundamental adoptar una mentalidad de compasión. Reflexiona sobre los desencadenantes que te llevaron a comer en exceso y cómo te sentías en esos momentos. Practicar la autocompasión implica entender que todos cometemos errores y que la perfección no es el objetivo. Además, implementar estrategias de afrontamiento saludables, como el ejercicio, la meditación o la escritura, puede ayudar a lidiar con la culpa de una manera más constructiva.

Transformar tu relación con la comida requiere tiempo y esfuerzo, pero es posible. Al aprender a gestionar la culpa y a responder de manera diferente a los episodios de sobrealimentación, puedes liberarte de este ciclo dañino. Con el tiempo, esto te permitirá establecer una relación más saludable con la comida y contigo mismo, facilitando así un estilo de vida más equilibrado y satisfactorio.

Capítulo 3: Estrategias para identificar y controlar tus emociones

Controlar la ansiedad alimentaria comienza con la capacidad de identificar y gestionar tus emociones de manera saludable. A menudo, la comida se convierte en una forma rápida de lidiar con sentimientos que no sabemos cómo manejar. Pero para evitar recurrir a la comida, es fundamental aprender a reconocer lo que estás sintiendo en cada momento y tener herramientas a tu disposición para responder de forma más consciente.

En este capítulo, te proporcionaré estrategias prácticas para identificar tus emociones con mayor claridad. Aprenderás a nombrar lo que sientes, lo que te ayudará a reducir la confusión emocional y a reaccionar de manera más equilibrada. También exploraré diferentes técnicas para manejar el estrés y mantener la calma ante situaciones difíciles, permitiéndote enfrentar esos momentos sin recurrir a la comida como solución rápida.

- ## 3.1. Técnicas para reconocer y nombrar emociones difíciles

Reconocer y nombrar las emociones difíciles es un paso fundamental para gestionar tus reacciones ante ellas, especialmente cuando esas emociones te llevan a comer por ansiedad. A menudo, las emociones como la frustración, el estrés o la tristeza no son fáciles de identificar, pero si no se reconocen, pueden manifestarse de formas destructivas, como el comer emocional. Para comenzar este proceso de reconocimiento, es importante aprender a ser consciente de lo que sientes y desarrollar técnicas que te ayuden a identificar y etiquetar esas emociones con precisión.

Atención plena o mindfulness

La atención plena te permite centrarte en el presente, reconociendo lo que sientes sin juicio. Consiste en observar tus emociones tal como son, sin tratar de cambiarlas de inmediato o ignorarlas. Una forma de hacerlo es detenerte unos minutos durante el día para preguntarte: "¿Qué estoy sintiendo en este momento?" y prestar atención a cualquier emoción que surja, ya sea ansiedad, enojo o incluso aburrimiento. Identificar lo que sientes en el momento preciso te permite evitar que esas emociones se acumulen o se conviertan en un detonante para comer sin necesidad.

Escritura emocional

Escribir lo que sientes es una excelente forma de poner palabras a tus emociones. Mantener un diario donde anotes tus emociones a lo largo del día puede ayudarte a ser más consciente de ellas. Cuando escribes sobre lo que te está molestando o sobre una situación que te causó estrés, comienzas a dar forma a esos sentimientos. Al tener que describir las emociones en palabras concretas, puedes empezar a entenderlas mejor y manejar su influencia en tus decisiones alimenticias.

Técnica de los cinco porqués

Esta técnica implica preguntarte "¿por qué?" cinco veces para llegar al núcleo de una emoción. Por ejemplo, si sientes ansiedad, te preguntas: "¿Por qué me siento ansioso?". La respuesta puede ser: "Porque tengo una reunión difícil". Luego, vuelves a preguntar: "¿Por qué la reunión me genera ansiedad?" y así sucesivamente. Este proceso te permite profundizar y comprender mejor la causa raíz de tus emociones. Al identificar la fuente, es más fácil darles un nombre adecuado y lidiar con ellas de manera efectiva.

Lista de emociones

Tener una lista de emociones comunes puede ser útil cuando intentas reconocer lo que sientes. A veces, las emociones no son tan evidentes, y contar con una lista te permite revisar opciones hasta que algo resuene contigo. Puedes buscar términos como frustración, incertidumbre, miedo o resentimiento, y preguntarte si alguno de esos sentimientos se alinea con tu experiencia. Esta práctica te ayuda a ampliar tu vocabulario emocional y a ser más específico sobre lo que estás experimentando.

Al desarrollar estas habilidades para identificar y nombrar las emociones difíciles, es posible ganar más control sobre cómo afectan tus decisiones alimenticias.

- **3.2. Métodos para manejar el estrés sin comer**

El estrés es una de las causas más comunes del comer emocional, y encontrar maneras efectivas para manejarlo sin recurrir a la comida es crucial para mantener una relación saludable con tus hábitos alimenticios. Existen varias técnicas que pueden ayudarte a aliviar el estrés de manera saludable y evitar que se convierta en un detonante para comer sin tener hambre real. A continuación, se describen algunos métodos que pueden ser útiles para manejar el estrés sin recurrir a la comida.

Ejercicio físico regular

El ejercicio es una de las formas más efectivas para reducir el estrés. Cuando te mueves, tu cuerpo libera endorfinas, conocidas como las hormonas de la felicidad, que ayudan a mejorar tu estado de ánimo y a combatir el estrés. No es necesario hacer entrenamientos intensos para obtener estos beneficios; incluso una caminata rápida de 20 minutos puede ser suficiente para disminuir los niveles de estrés. Incorporar actividad física a tu rutina diaria no solo te ayudará a mantenerte físicamente activo, sino que también te proporcionará una salida natural para liberar tensiones y reducir la necesidad de comer para aliviar el estrés.

Técnicas de respiración profunda

Controlar la respiración puede ayudarte a reducir el estrés en momentos críticos. Una técnica simple es la respiración profunda o abdominal. Cuando sientas que el estrés aumenta y te impulsa a comer, tómate unos minutos para inhalar profundamente por la nariz durante cuatro segundos, sostener la respiración durante cuatro segundos y luego exhalar lentamente por la boca durante otros cuatro segundos. Este patrón ayuda a activar el sistema nervioso parasimpático, que es el responsable de la relajación, y puede reducir la urgencia de comer de manera impulsiva.

Meditación y mindfulness

La meditación es otra herramienta poderosa para manejar el estrés. Practicar mindfulness, o atención plena, te ayuda a estar presente y a observar tus emociones sin reaccionar de inmediato a ellas. Al dedicar tan solo 5 a 10 minutos diarios a la meditación, puedes entrenar tu mente para gestionar el estrés de manera más eficiente. Cuando el estrés aparece, en lugar de recurrir a la comida, puedes sentarte en un espacio tranquilo, cerrar los ojos, concentrarte en tu respiración y observar cómo el estrés disminuye gradualmente.

Escuchar música relajante

La música tiene la capacidad de cambiar tu estado de ánimo rápidamente. Cuando sientas estrés, escuchar música suave o relajante puede ayudarte a calmarte sin recurrir a la comida. Hay estudios que demuestran que la música lenta reduce la frecuencia cardíaca y la presión arterial, lo que resulta en una sensación general de relajación. Crear una lista de reproducción con tus canciones favoritas o sonidos naturales puede ser una herramienta útil cuando sientas que el estrés comienza a afectarte.

Técnicas de visualización guiada

La visualización guiada es una técnica en la que te enfocas en imágenes mentales positivas para reducir el estrés. Puede ser tan simple como cerrar los ojos y visualizar un lugar que te haga sentir seguro y tranquilo, como una playa o un bosque. Dedica unos minutos a esta técnica y permite que esas imágenes relajantes reduzcan la tensión que sientes. Este enfoque no solo te ayudará a calmar el estrés, sino que también interrumpirá el ciclo del comer emocional al dirigir tu atención hacia una actividad más saludable.

Aplicar estos métodos con regularidad te permitirá gestionar el estrés de manera más efectiva, reduciendo así la necesidad de recurrir a la comida como mecanismo de alivio.

- **3.3. Cómo mantener la calma ante situaciones desafiantes**

Mantener la calma en situaciones desafiantes es fundamental para evitar que el estrés te lleve a comer por impulso. La calma no es solo la ausencia de nervios o preocupación, sino una habilidad que puedes desarrollar y aplicar conscientemente en momentos de tensión. Cuando te enfrentas a un desafío, tu cuerpo y mente tienden a reaccionar de manera automática, lo que puede aumentar la ansiedad y el deseo de buscar consuelo en la comida. Sin embargo, con algunas técnicas y estrategias, es posible frenar esa reacción y responder de una manera más serena y controlada.

El primer paso es reconocer las señales que tu cuerpo y mente te envían cuando una situación se vuelve desafiante. Tal vez notes que tu respiración se acelera, tu corazón late con más fuerza o tus pensamientos comienzan a dispersarse. En lugar de ignorar estas señales o dejarte llevar por ellas, respira profundamente y permite que esa pausa te dé el espacio necesario para actuar con calma. La respiración consciente, incluso en situaciones de mucho estrés, tiene el poder de disminuir el ritmo cardíaco y aclarar la mente, lo que facilita la toma de decisiones más conscientes y alejadas de la impulsividad.

Además, cuando enfrentas una situación estresante, enfócate en lo que puedes controlar. Las situaciones desafiantes a menudo traen una sensación de pérdida de control, lo que puede disparar emociones como la frustración, la ansiedad o el miedo. Sin embargo, identificar y centrarte en lo que está bajo tu control, aunque sea algo mínimo, te devolverá la sensación de estabilidad. Mantener una perspectiva más equilibrada te ayudará a evitar que el estrés te abrume.

Otra estrategia útil es reencuadrar mentalmente la situación. En lugar de ver el desafío como una amenaza, intenta considerarlo como una oportunidad de aprendizaje o crecimiento. Al cambiar la forma en que percibes el problema, puedes disminuir el nivel de estrés que este te provoca, lo que facilita mantener la calma. Si te sientes abrumado, recuerda que no siempre es necesario resolver todo en el momento. Tomarte un descanso, salir a caminar o simplemente desconectar por unos minutos puede permitirte regresar con una mente más clara y menos ansiosa.

Mantener la calma en momentos desafiantes no se trata de eliminar el estrés por completo, sino de aprender a gestionarlo de manera que no te domine ni te empuje a conductas autodestructivas, como comer de manera emocional. Con práctica y paciencia, puedes entrenar tu mente y cuerpo para responder a las situaciones desafiantes con mayor serenidad.

Capítulo 4: Crear una conexión positiva con los alimentos

Tu relación con los alimentos juega un papel crucial en cómo enfrentas la ansiedad alimentaria. En lugar de ver la comida como un enemigo o una fuente de consuelo rápido, es posible transformarla en una aliada, disfrutándola de manera consciente y sin culpa. Crear una conexión positiva con lo que comes no solo te ayudará a mejorar tu bienestar físico, sino también tu equilibrio emocional.

En este capítulo, te invitamos a practicar la alimentación consciente, una herramienta poderosa para reconectar con el acto de comer. Aprenderás a disfrutar cada bocado con atención plena, eliminando la ansiedad que a menudo acompaña a la alimentación impulsiva. También exploraré cómo cambiar la forma en que piensas sobre los alimentos, para dejar atrás ideas restrictivas y crear un enfoque más saludable y gratificante hacia la comida.

- **4.1. Practicando la alimentación consciente en cada comida**

Practicar la alimentación consciente implica prestar atención plena a lo que comes y cómo lo haces, sin distracciones ni juicios. Se trata de estar presente en cada comida, desde la elección de los alimentos hasta el último bocado. Esta práctica no solo ayuda a disfrutar más de lo que comes, sino que también permite reconocer mejor las señales de hambre y saciedad, evitando así comer en exceso o de manera automática, motivado por la ansiedad.

La clave está en desacelerar el proceso de comer. Muchas veces, las comidas se convierten en un acto rápido y mecánico, donde la mente está ocupada en otra cosa y no se presta atención a los sabores, las texturas o las sensaciones físicas. Al estar completamente consciente, puedes empezar a identificar qué es lo que realmente disfrutas de la comida, cómo reacciona tu cuerpo ante ciertos alimentos y cuándo te sientes satisfecho, sin necesidad de comer hasta sentirte lleno o incómodo.

Para empezar, antes de cada comida, es útil tomarte unos segundos para observar el plato, apreciar su color, forma y aroma. Luego, comienza a comer despacio, tomando pequeños bocados y masticando cada uno varias veces. Al hacerlo, presta atención a las texturas y sabores que van emergiendo. Este proceso ayuda a conectar tu mente con el acto de comer, a la vez que permite que tu cuerpo procese mejor la comida y te envíe señales claras de saciedad.

Comer sin distracciones es otro aspecto fundamental de la alimentación consciente. Evitar comer frente al televisor, el teléfono o la computadora te permite centrarte únicamente en tu comida. Esto no solo incrementa el placer de comer, sino que también evita que comas en exceso. Al estar distraído, es fácil no darse cuenta de cuánto has comido hasta que ya es demasiado tarde y te sientes lleno. La alimentación consciente permite romper este ciclo y te ayuda a comer lo que tu cuerpo realmente necesita, en la cantidad adecuada.

Por último, ser consciente no es solo prestar atención a los sentidos, sino también a las emociones que surgen antes, durante y después de comer. ¿Estás comiendo porque tienes hambre o por alguna emoción? Practicar la alimentación consciente te ayudará a identificar esos momentos y tomar decisiones más saludables, basadas en lo que tu cuerpo realmente necesita y no en lo que dictan tus emociones o el estrés.

- **4.2. Cambiando la mentalidad sobre los alimentos "prohibidos"**

Cambiar la mentalidad sobre los alimentos "prohibidos" es un paso esencial para crear una relación saludable con la comida. Etiquetar ciertos alimentos como malos o fuera de los límites puede generar una mentalidad restrictiva que, a la larga, conduce a antojos incontrolables y episodios de comer en exceso. Cuando algo se percibe como prohibido, automáticamente aumenta su atractivo. Este fenómeno, conocido como el "efecto de la prohibición", hace que esos alimentos se conviertan en el centro de atención y fomenta un ciclo de restricción y indulgencia.

Para romper este ciclo, es necesario eliminar la idea de que hay alimentos que nunca deberías comer. Los alimentos en sí no son buenos ni malos, lo que cuenta es cómo se consumen y en qué cantidad. Al permitirte comer una variedad de alimentos sin culpa o juicio, reduces la urgencia de comerlos de manera descontrolada. Cuando los alimentos dejan de ser vistos como una recompensa o un castigo, su poder emocional sobre ti disminuye significativamente.

Un enfoque que puede ser útil es practicar la moderación en lugar de la prohibición total. En lugar de eliminar ciertos alimentos de tu dieta, date permiso para disfrutarlos ocasionalmente y en pequeñas cantidades. De esta manera, reduces la sensación de privación y, al mismo tiempo, desarrollas control sobre las porciones y el tipo de alimentos que consumes. Este enfoque fomenta un equilibrio mental y físico más saludable. También previene el ciclo destructivo en el que te privas durante días o semanas, solo para después ceder al impulso de comer en exceso.

Otro aspecto clave es desaprender las creencias que asocian ciertos alimentos con la culpa. Comer una galleta, un pedazo de pastel o un trozo de pizza no debería ser motivo de arrepentimiento. Al aprender a disfrutar de estos alimentos conscientemente, sin exceso y sin sentimientos negativos, puedes construir una mentalidad más sana y equilibrada hacia la comida. Es importante recordar que disfrutar de algo ocasionalmente no significa fracasar en el objetivo de una alimentación saludable, sino que es parte de un enfoque equilibrado que incluye espacio para el placer y la indulgencia sin culpa.

Por tanto, reprogramar cómo piensas sobre los alimentos considerados prohibidos te permite recuperar el control sobre tus decisiones alimenticias. Esto no solo reduce la ansiedad y la culpabilidad asociadas con comer, sino que también te ayuda a adoptar una actitud más flexible y saludable hacia lo que eliges poner en tu plato.

- **4.3. El papel de la gratitud en la alimentación consciente**

La gratitud desempeña un papel fundamental en la práctica de la alimentación consciente. Este enfoque va más allá de simplemente comer de manera saludable; se trata de cultivar una conexión profunda con la comida que consumes y de apreciar cada bocado. Al incorporar la gratitud en tus hábitos alimenticios, puedes transformar la experiencia de comer en un momento de reflexión y satisfacción, lo que te permite disfrutar más de tus alimentos y reducir la ansiedad asociada a ellos.

Practicar la gratitud al comer implica detenerse un momento antes de comenzar a consumir tus alimentos. Tómate un instante para reflexionar sobre el viaje que ha recorrido cada alimento hasta llegar a tu plato. Piensa en los agricultores que cultivaron los ingredientes, en los transportistas que los llevaron a tu tienda local, y en los chefs o en ti mismo que los prepararon. Esta conexión te ayuda a reconocer y apreciar el esfuerzo y la dedicación que hay detrás de cada comida. Al hacerlo, cada bocado se vuelve más significativo y sabroso.

Durante la comida, es útil ser consciente de los sabores, texturas y aromas de los alimentos. Tómate tu tiempo para masticar y saborear cada bocado, mientras mantienes un enfoque de gratitud por lo que estás consumiendo. Esto no solo mejora la experiencia de comer, sino que también puede ayudarte a reconocer cuándo estás satisfecho, evitando así la sobrealimentación. Cuando estás presente y agradecido, puedes sintonizar mejor con las señales de tu cuerpo.

Además, la gratitud puede ser una poderosa herramienta para contrarrestar la negatividad que a veces rodea la alimentación. En lugar de centrarte en lo que consideras "malas" elecciones alimenticias, practicar la gratitud te permite valorar la diversidad de alimentos y la oportunidad de nutrir tu cuerpo. Esta mentalidad no solo te ayuda a disfrutar más de la comida, sino que también te permite sentirte mejor contigo mismo, lo que se traduce en una relación más positiva con la alimentación.

Incorporar la gratitud en tu vida diaria te brinda un enfoque más equilibrado y consciente hacia la comida. Puedes comenzar llevando un diario de gratitud, anotando no solo lo que comes, sino también lo que sientes al respecto y por qué te sientes agradecido por esos alimentos. Este ejercicio no solo fomenta la reflexión, sino que también puede abrirte los ojos a los aspectos positivos de la alimentación, transformando tu relación con la comida de una manera profundamente enriquecedora.

Capítulo 5: Cómo construir un entorno alimenticio saludable

El entorno en el que te rodeas puede tener un gran impacto en cómo te relacionas con la comida. Si constantemente tienes acceso a alimentos poco saludables o tentaciones a la mano, será más difícil evitar comer por ansiedad. Por eso, un paso fundamental para mejorar tu relación con la comida es crear un entorno que favorezca elecciones más conscientes y equilibradas.

En este capítulo, hablaré sobre cómo eliminar esas tentaciones y organizar tu espacio para que te apoye en tu camino hacia un estilo de vida más saludable. También exploraré la importancia de planificar comidas nutritivas y tener snacks saludables listos para esos momentos en que la ansiedad aparece. Al hacer pequeños ajustes en tu entorno, estarás mejor preparado para tomar decisiones alimenticias que te beneficien en lugar de caer en viejos patrones impulsivos.

- **5.1. Eliminando tentaciones y creando espacios sanos**

Eliminar tentaciones y crear espacios sanos es un paso crucial para establecer una relación positiva con la comida. La forma en que organizas tu entorno puede tener un impacto significativo en tus elecciones alimenticias. Cuando eliminas las tentaciones, te vuelves menos propenso a comer por impulso y más capaz de hacer decisiones conscientes que apoyen tu bienestar.

Empieza por evaluar tu espacio. Observa tu cocina, tu despensa y cualquier lugar donde suelas almacenar alimentos. Si tienes a la vista productos poco saludables, es más probable que sucumbas a la tentación. Una estrategia efectiva es reorganizar tu despensa y tu refrigerador. Retira los alimentos que consideres poco nutritivos o que a menudo desencadenen un deseo incontrolado. Si te gustan los snacks poco saludables, guárdalos en un lugar menos accesible, preferiblemente en la parte trasera de la despensa. En su lugar, llena tu espacio de opciones saludables y accesibles, como frutas frescas, verduras cortadas, nueces o yogur natural. Al tener estas opciones al frente, facilitarás decisiones más saludables cuando tengas hambre o un antojo.

Además de la organización física de tus alimentos, también es esencial crear un ambiente emocionalmente saludable. Esto significa rodearte de personas que apoyen tus objetivos de bienestar y compartan un enfoque positivo hacia la alimentación. Si tus amigos o familiares tienen hábitos alimenticios poco saludables, puede ser útil establecer límites sobre las comidas compartidas o hablar abiertamente sobre tus intenciones de comer de manera más consciente. Al comunicar tus objetivos, puedes construir un sistema de apoyo que fomente decisiones saludables en conjunto.

Crear un espacio sano también implica reflexionar sobre tus hábitos y rutinas. Si comes frente a la televisión o mientras trabajas, es probable que no prestes atención a lo que comes, lo que puede llevar a la sobrealimentación. Establecer un área designada para las comidas te ayudará a centrarte y disfrutar realmente de tu comida. Busca un lugar tranquilo y cómodo, donde puedas sentarte sin distracciones. Cuando te sientes a comer, hazlo con intención y atención plena, permitiendo que la comida sea una experiencia que disfrutes y aprecies.

Eliminar tentaciones y crear espacios sanos es un proceso continuo, pero cada pequeño ajuste cuenta. Te animo a que observes lo que funciona para ti y que adaptes tu entorno de acuerdo con tus necesidades. La clave es ser proactivo en la construcción de un espacio que fomente elecciones saludables y te ayude a desarrollar una relación más equilibrada con la comida. A medida que implementes estos cambios, notarás cómo te sientes más en control y más capaz de disfrutar de tus alimentos de una manera saludable y consciente.

- **5.2. Importancia de la planificación de comidas equilibradas**

La planificación de comidas equilibradas es una herramienta esencial para lograr y mantener hábitos alimenticios saludables. Al dedicar tiempo a pensar en lo que vas a comer, no solo ahorras tiempo y estrés durante la semana, sino que también garantizas que estás brindando a tu cuerpo los nutrientes que necesita. Esta práctica te permite tomar decisiones conscientes sobre lo que consumes, ayudándote a evitar elecciones impulsivas que podrían resultar en una alimentación desequilibrada.

Comenzar con la planificación de comidas implica tomarte un tiempo cada semana para pensar en tus necesidades nutricionales y preferencias. Es útil hacer un inventario de lo que ya tienes en tu despensa y refrigerador. Esto no solo ayuda a evitar el desperdicio de alimentos, sino que también te proporciona una base sobre la cual construir tus comidas. Al revisar lo que tienes, puedes identificar ingredientes que puedes utilizar en diferentes recetas, lo que fomenta la creatividad en la cocina.

Una vez que tengas un inventario, el siguiente paso es diseñar un menú semanal. Considera incluir una variedad de alimentos que aseguren que estás obteniendo un equilibrio adecuado de proteínas, carbohidratos, grasas saludables, vitaminas y minerales. Al planear tus comidas, ten en cuenta tus actividades diarias y los momentos en que puedes tener más hambre. Por ejemplo, si sabes que tendrás un día ocupado, planificar comidas más sustanciosas o snacks saludables para llevar puede ser clave para evitar tentaciones poco saludables.

A medida que elabores tu menú, no olvides que la flexibilidad es importante. A veces, las cosas no salen como planeas, y eso está bien. Tener un plan no significa que debas seguirlo a rajatabla. Si un día no tienes ganas de comer lo que habías planeado, permítete ser flexible y elegir algo diferente, siempre que mantengas en mente el equilibrio que deseas.

Además, la planificación de comidas te ayuda a desarrollar una relación más positiva con la comida. Te permite disfrutar del proceso de cocinar y experimentar con nuevas recetas, en lugar de verlo como una tarea que debes hacer. Al ser intencional con tus elecciones alimenticias, es probable que empieces a notar cómo te sientes después de cada comida. Esto te permitirá ajustar tu planificación futura según lo que realmente funcione para ti, tus gustos y tu bienestar general.

Implementar la planificación de comidas equilibradas no solo mejorará tus hábitos alimenticios, sino que también contribuirá a un estilo de vida más organizado y saludable. Con el tiempo, te sentirás más empoderado en tus decisiones alimenticias y podrás disfrutar de la comida de una manera que realmente nutra tanto tu cuerpo como tu mente.

- **5.3. Preparar snacks saludables que calmen la ansiedad**

Preparar snacks saludables que calmen la ansiedad es una estrategia efectiva para mantener el control sobre tus hábitos alimenticios y evitar la tentación de recurrir a opciones poco saludables. Al elegir ingredientes que no solo sean nutritivos, sino que también aporten saciedad y bienestar emocional, puedes hacer que tus snacks sean una herramienta poderosa en la gestión de la ansiedad.

Una excelente manera de comenzar es planificar y preparar tus snacks con anticipación. Esto implica seleccionar recetas que te gusten y que sean fáciles de hacer. Aquí tienes tres recetas sencillas que puedes preparar en casa.

Palitos de zanahoria con hummus

Ingredientes:

2 zanahorias grandes

½ taza de hummus (puedes comprarlo o hacerlo en casa)

1 cucharada de aceite de oliva (opcional)

Sal y pimienta al gusto

Instrucciones:

Lava y pela las zanahorias. Córtalas en palitos o rodajas según tu preferencia.

Si deseas, puedes aliñar el hummus con un poco de aceite de oliva, sal y pimienta para darle más sabor.

Sirve los palitos de zanahoria junto con el hummus. Este snack es rico en fibra y te ayudará a sentirte lleno, además de ofrecerte un sabor cremoso y satisfactorio.

Yogur griego con frutas y nueces

Ingredientes:

1 taza de yogur griego natural

½ taza de frutas frescas (fresas, arándanos, plátano)

¼ de taza de nueces o almendras troceadas

1 cucharadita de miel (opcional)

Instrucciones:

En un tazón, coloca el yogur griego.

Agrega las frutas frescas por encima y espolvorea las nueces o almendras.

Si lo deseas, añade un chorrito de miel para endulzar. Este snack no solo es delicioso, sino que también te proporciona proteínas y grasas saludables que son esenciales para el bienestar emocional.

Galletas de avena y plátano

Ingredientes:

2 plátanos maduros

1 taza de avena (puede ser integral)

½ cucharadita de canela (opcional)

¼ de taza de chispas de chocolate negro (opcional)

Instrucciones:

Precalienta el horno a 180°C (350°F).

En un tazón, aplasta los plátanos con un tenedor hasta obtener un puré.

Agrega la avena y la canela, y mezcla bien. Si decides usar chispas de chocolate, agrégalas ahora.

Con una cuchara, coloca montones de la mezcla en una bandeja para hornear cubierta con papel pergamino.

Hornea durante 10-12 minutos, o hasta que las galletas estén doradas. Deja enfriar antes de disfrutar. Estas galletas son una opción reconfortante que satisface tus antojos sin generar ansiedad.

Incorporar estos snacks saludables en tu rutina diaria puede ser una forma efectiva de manejar la ansiedad y mejorar tu relación con la comida.

Capítulo 6: Cambios en el estilo de vida para reducir la ansiedad

Más allá de la comida, el estilo de vida que llevas tiene un impacto directo en cómo gestionas la ansiedad. Actividades diarias como el ejercicio, las técnicas de relajación y el descanso adecuado son herramientas poderosas para reducir el estrés que, en muchos casos, te lleva a comer de forma impulsiva. Al realizar cambios clave en tu rutina, puedes crear una vida más equilibrada que te ayude a prevenir esos momentos en los que buscas consuelo en la comida.

En este capítulo, exploraré cómo el ejercicio regular puede convertirse en una vía efectiva para liberar la tensión acumulada, mientras que las técnicas de relajación te permitirán mantener la calma en momentos de estrés. También hablaré sobre la importancia del descanso y cómo una buena noche de sueño es fundamental para reducir tanto la ansiedad como los antojos. Estos cambios en tu estilo de vida no solo mejorarán tu salud física, sino que también te brindarán las herramientas necesarias para manejar las emociones de manera más efectiva.

- **6.1. El poder de la actividad física para liberar tensión**

El poder de la actividad física para liberar tensión es una herramienta esencial en la gestión del estrés y la ansiedad. Muchas veces, cuando enfrento momentos de tensión, encuentro que el simple acto de moverme puede hacer una gran diferencia en mi bienestar emocional y físico. La actividad física no solo mejora la salud cardiovascular y la fuerza muscular, sino que también actúa como un potente liberador de tensiones acumuladas en el cuerpo y la mente.

Cuando me siento ansioso o abrumado, dedicar tiempo a la actividad física me ayuda a desconectar de los pensamientos negativos. La razón detrás de esto radica en la liberación de endorfinas, conocidas como las hormonas de la felicidad, que el cuerpo produce durante el ejercicio. Estas sustancias químicas mejoran mi estado de ánimo y reducen la percepción del dolor. Al ejercitarme, me siento más enérgico y, al mismo tiempo, logro canalizar el exceso de energía o inquietud que a menudo acompaña a la ansiedad.

Una forma efectiva de incorporar actividad física en mi vida es encontrar un ejercicio que realmente disfrute. Puede ser tan simple como salir a caminar por el parque, practicar yoga, nadar o participar en una clase de baile. Al elegir actividades que me resulten placenteras, me es más fácil mantener la motivación y, por ende, la constancia. A menudo me propongo un objetivo sencillo: dedicar al menos 30 minutos al día a la actividad física. Esto no solo me ayuda a liberar tensión, sino que también establece un hábito saludable que contribuye a mi bienestar general.

A veces, el ejercicio también se puede integrar a la rutina diaria. Optar por subir escaleras en lugar de usar el ascensor o caminar en lugar de conducir son pequeños cambios que suman y pueden tener un impacto significativo en mi nivel de estrés. Si me siento demasiado ansioso para realizar una sesión intensa, incluso una breve caminata o una serie de estiramientos pueden ser suficientes para aliviar la tensión.

La clave es reconocer que la actividad física no es solo una forma de cuidar el cuerpo, sino también un medio poderoso para gestionar las emociones y liberar la tensión. Adoptar esta práctica como parte de mi vida diaria me ha permitido enfrentar los desafíos con mayor resiliencia y calma, convirtiendo la actividad física en un aliado en mi camino hacia una vida más equilibrada y saludable.

- **6.2. Técnicas de relajación que reducen el impulso de comer**

Las técnicas de relajación son herramientas efectivas que me han ayudado a reducir el impulso de comer en momentos de estrés o ansiedad. Aprender a gestionar mis emociones y a relajarme ha sido fundamental en mi camino hacia una relación más saludable con la comida. A continuación, describo algunas técnicas que considero especialmente útiles.

Respiración profunda

Esta técnica me permite calmar mi mente y cuerpo en momentos de ansiedad. Cuando siento que el impulso de comer se intensifica, me detengo y respiro profundamente. Inhalo lentamente por la nariz, llenando mis pulmones de aire, y luego exhalo por la boca. Repito este ciclo varias veces, concentrándome en la sensación de mi respiración. Esta práctica no solo ayuda a centrarme, sino que también disminuye la tensión en mi cuerpo, lo que me aleja del deseo de comer emocionalmente.

Meditación guiada

La meditación es otra técnica que me ha proporcionado herramientas para manejar mis impulsos. Utilizo aplicaciones de meditación que ofrecen sesiones cortas y guiadas. En esos momentos, me encuentro en un espacio tranquilo y cierro los ojos, enfocándome en el audio que me guía. La meditación me permite observar mis pensamientos sin juzgarlos, lo que me ayuda a identificar y soltar las emociones que pueden llevarme a comer por razones que no están relacionadas con el hambre.

Visualización

Esta técnica me resulta especialmente poderosa. Cuando siento que la ansiedad me empuja a buscar comida, cierro los ojos y visualizo un lugar tranquilo, como una playa o un bosque. Imagino los sonidos, los colores y las sensaciones de ese lugar. Esta práctica me ayuda a desconectarme de los impulsos inmediatos y a centrarme en una experiencia mental positiva, alejando mi atención del deseo de comer.

Ejercicio de estiramiento

Incorporar estiramientos suaves en mi rutina diaria también me ha ayudado a relajarme. Cuando me siento tenso o ansioso, dedico unos minutos a estirarme, enfocándome en mi cuerpo y la liberación de la tensión acumulada. Esto no solo mejora mi bienestar físico, sino que también me brinda un espacio para reflexionar sobre mis emociones, ayudándome a alejarme del impulso de comer por razones emocionales.

Estas técnicas de relajación me han ayudado a reconocer y manejar mejor mis emociones, y han reducido significativamente los momentos en que siento la necesidad de comer sin hambre. Implementarlas en mi vida diaria ha sido un cambio positivo, permitiéndome construir una relación más consciente y saludable con la comida.

- **6.3. Dormir bien para combatir la ansiedad y el hambre**

Dormir bien ha sido una de las herramientas más efectivas en mi arsenal para combatir la ansiedad y el hambre emocional. Cuando me doy cuenta de que mi sueño no es el adecuado, las consecuencias se manifiestan no solo en mi estado de ánimo, sino también en mi relación con la comida. La falta de sueño afecta mis niveles de energía y mi capacidad para manejar el estrés, lo que a menudo me lleva a buscar consuelo en la comida, incluso cuando no tengo hambre.

Para mejorar mi calidad de sueño, he establecido una rutina que considero crucial. Primero, he creado un ambiente propicio para descansar. Asegurarse de que mi habitación sea oscura, tranquila y fresca me ha ayudado a conciliar el sueño más fácilmente. Apago todos los dispositivos electrónicos al menos una hora antes de ir a la cama. La luz azul que emiten las pantallas puede interferir con la producción de melatonina, la hormona del sueño. En cambio, elijo leer un libro o escuchar música suave, actividades que me relajan y me preparan para un descanso reparador.

También he aprendido a gestionar mis pensamientos antes de dormir. La ansiedad tiende a aumentar cuando mi mente está llena de preocupaciones. Para contrarrestar esto, dedico unos minutos a escribir en un diario. Anoto mis pensamientos, preocupaciones y las cosas por las que estoy agradecido. Este ejercicio no solo me ayuda a liberar mi mente, sino que también me permite reflexionar sobre lo positivo de mi día.

Además, he encontrado que practicar técnicas de relajación, como la meditación o la respiración profunda, antes de acostarme me ayuda a calmar mi mente. Estas prácticas me permiten desconectar del estrés diario y prepararme para un sueño más profundo. La conexión entre el sueño y la alimentación es innegable; al descansar bien, mi cuerpo regula mejor las hormonas del hambre, como la grelina y la leptina, que controlan mi apetito.

He notado que cuando duermo bien, mi capacidad para resistir la tentación de comer por emociones mejora significativamente. Me siento más equilibrado y en control, lo que me permite hacer elecciones más saludables en cuanto a mi alimentación. Priorizar el sueño se ha convertido en una parte esencial de mi enfoque para manejar la ansiedad y mantener una relación saludable con la comida.

Capítulo 7: El papel del autocuidado en la gestión emocional

El autocuidado es una de las herramientas más poderosas para gestionar tus emociones de forma efectiva y evitar recurrir a la comida como escape. Cuidarte a nivel físico, mental y emocional no solo mejora tu bienestar general, sino que también fortalece tu capacidad para enfrentar el estrés y la ansiedad de una manera más saludable. Aprender a priorizar tu propio bienestar te permite reaccionar ante las dificultades sin necesidad de refugiarte en la comida.

En este capítulo, te mostraré cómo incorporar el autocuidado en tu día a día, desde establecer límites emocionales hasta crear momentos de descanso que te ayuden a recargar energías. También exploraré la importancia de nutrir tu mente y cuerpo con actividades que te brinden satisfacción y tranquilidad. Al enfocarte en tu propio bienestar, estarás mejor equipado para manejar las emociones difíciles sin sentir la necesidad de llenar esos vacíos con comida.

- ## 7.1. Cómo el autocuidado reduce el deseo de comer compulsivamente

El autocuidado es una de las estrategias más efectivas que he descubierto para reducir el deseo de comer compulsivamente. A menudo, la comida se convierte en un refugio en momentos de estrés, tristeza o agotamiento. Sin embargo, al aprender a cuidar de mí mismo de manera consciente, he podido romper ese ciclo y desarrollar una relación más saludable con la comida.

El primer paso hacia el autocuidado es reconocer mis necesidades emocionales y físicas. Cuando me siento abrumado, fatigado o ansioso, es fácil caer en la trampa de comer sin pensar. He aprendido a prestar atención a mis emociones y a identificar cuándo tengo hambre real y cuándo estoy buscando consuelo a través de la comida. Este proceso de autoconciencia me ha permitido hacer pausas y reflexionar antes de abrir el refrigerador.

Incorporar actividades que me nutren y me dan alegría es otra clave del autocuidado. Dedico tiempo a hobbies que disfruto, como leer, pintar o practicar yoga. Estas actividades no solo me distraen, sino que también me proporcionan una sensación de satisfacción y logro, lo que disminuye la necesidad de buscar gratificación a través de la comida. La práctica del yoga, en particular, me ha enseñado a conectar con mi cuerpo y a ser consciente de mis sensaciones físicas y emocionales, ayudándome a diferenciar entre el hambre y el deseo de comer por otras razones.

Establecer una rutina diaria también ha sido fundamental. Al planificar mis comidas y mis momentos de autocuidado, siento que tengo más control sobre mi vida. Dedico tiempo a preparar comidas saludables y balanceadas que alimenten mi cuerpo adecuadamente. Cuando me siento bien físicamente, es menos probable que busque comida para satisfacer mis necesidades emocionales.

El autocuidado también incluye asegurarme de que estoy durmiendo lo suficiente, ejercitándome regularmente y manteniendo relaciones saludables. Todas estas prácticas contribuyen a mi bienestar general, lo que reduce el estrés y, por lo tanto, la necesidad de recurrir a la comida de forma compulsiva. He descubierto que al priorizar mi autocuidado, no solo me siento más feliz y equilibrado, sino que también tengo un mayor control sobre mis hábitos alimenticios. La clave está en nutrirme integralmente, reconociendo que el autocuidado es una herramienta poderosa para transformar mi relación con la comida.

- **7.2. Crear una rutina diaria que promueva la estabilidad emocional**

Crear una rutina diaria que promueva la estabilidad emocional ha sido fundamental en mi vida para mantener un equilibrio y manejar el estrés de manera efectiva. Una rutina no solo aporta estructura a mis días, sino que también me ayuda a anticipar situaciones, a cuidar de mí mismo y a reducir la ansiedad. A continuación, comparto cómo he establecido mi rutina diaria y cómo puedes hacer lo mismo.

Mi día comienza con un momento de gratitud. Dedico al menos cinco minutos cada mañana a reflexionar sobre las cosas por las que estoy agradecido. Esto puede ser tan simple como disfrutar de una taza de café o apreciar el canto de los pájaros. Esta práctica me ayuda a establecer un tono positivo para el resto del día. A continuación, realizo una sesión corta de meditación o respiración consciente. Dedico entre 10 y 15 minutos a centrarme en mi respiración, lo que me permite calmar la mente y prepararme mentalmente para los desafíos del día.

Después de meditar, me gusta hacer ejercicio. He descubierto que, aunque no siempre tengo que ir al gimnasio, realizar una caminata de 30 minutos en el parque cercano o practicar yoga en casa me llena de energía y mejora mi estado de ánimo. El ejercicio regular no solo contribuye a mi bienestar físico, sino que también es una excelente manera de liberar el estrés acumulado.

El siguiente paso en mi rutina es planificar mis comidas. Dedico un tiempo específico cada semana para preparar mis comidas, eligiendo opciones saludables que me mantengan saciado y energizado. Esto evita que recurra a opciones poco saludables en momentos de apuro. Además, suelo tomar un momento al medio día para desconectarme y disfrutar de mi comida sin distracciones, lo que me permite saborear cada bocado.

Al final del día, establezco un tiempo para desconectar de las pantallas y relajarme. Suelo leer un libro o practicar un hobby que disfruto. Esto me ayuda a liberar la mente de preocupaciones y a reducir la ansiedad antes de dormir. También trato de ir a la cama a una hora razonable, asegurándome de dormir al menos siete horas cada noche. Un sueño reparador es crucial para mantener mi estabilidad emocional.

Establecer esta rutina ha sido un proceso gradual. No se trata de ser perfecto, sino de encontrar un equilibrio que funcione para mí. Al dedicar tiempo cada día a cuidar de mi bienestar emocional, he notado una gran mejora en mi capacidad para manejar el estrés y las emociones. Puedes comenzar con pequeños cambios y adaptarlos a tus necesidades; lo importante es que te comprometas contigo mismo a crear un espacio para el autocuidado en tu vida diaria.

- **7.3. Actividades placenteras que alivian la ansiedad sin recurrir a comida**

Incorporar actividades placenteras en mi vida ha sido esencial para aliviar la ansiedad sin recurrir a la comida. Estos momentos no solo proporcionan distracción, sino que también me permiten disfrutar de la vida de manera plena, ayudándome a desconectarme de los pensamientos estresantes y a reenfocarme en lo positivo. Aquí comparto algunas actividades que me han ayudado y que puedes considerar integrar en tu día a día.

Lectura

La lectura es una de mis actividades favoritas para escapar de la realidad. Ya sea una novela envolvente, un libro de desarrollo personal o incluso poesía, sumergirme en una buena historia me transporta a otro mundo y me permite olvidar mis preocupaciones. Dedico al menos 20 minutos al día a leer, eligiendo un lugar cómodo y tranquilo donde pueda disfrutar de este momento sin interrupciones. Esta práctica no solo me relaja, sino que también estimula mi mente y me ayuda a aprender algo nuevo.

Ejercicio físico

El ejercicio físico ha sido un salvavidas para mí en momentos de ansiedad. Ya sea a través de una caminata en el parque, clases de yoga o incluso bailar en casa, mover el cuerpo libera endorfinas, las conocidas como hormonas de la felicidad. Cuando me siento abrumado, trato de dedicar al menos 30 minutos al día a hacer ejercicio. Este tiempo no solo me ayuda a mantenerme en forma, sino que también mejora mi estado de ánimo y me ayuda a canalizar la energía acumulada.

Escritura

La escritura es otra actividad que me proporciona alivio. Llevo un diario donde expreso mis pensamientos y sentimientos. Esta práctica me ayuda a desahogarme y a reflexionar sobre lo que estoy experimentando. A veces, simplemente anoto lo que me preocupa, lo que me permite externalizar la ansiedad y poner en perspectiva mis emociones. Escribir también me permite reconocer mis logros y enfocarme en las cosas positivas que suceden en mi vida.

Arte y manualidades

Explorar la creatividad a través del arte o las manualidades es una forma maravillosa de reducir la ansiedad. Me gusta pintar, dibujar o trabajar en proyectos de manualidades. No se trata de ser un experto, sino de disfrutar del proceso. Estas actividades me permiten expresarme de maneras que las palabras no pueden, y la concentración en lo que estoy creando me ayuda a desconectarme de pensamientos ansiosos.

Conexión social

Pasar tiempo con amigos y seres queridos es vital para mi bienestar emocional. Ya sea a través de una llamada telefónica, una videoconferencia o una reunión en persona, estas conexiones me hacen sentir apoyado y comprendido. Compartir risas, historias y momentos significativos con otros me recuerda que no estoy solo en mis luchas, lo que alivia significativamente mi ansiedad.

Al incorporar estas actividades placenteras en mi rutina, he descubierto que puedo aliviar la ansiedad de manera efectiva sin recurrir a la comida. Te animo a que explores qué actividades resuenan contigo y a que te des el permiso de disfrutar de momentos que nutran tu bienestar emocional.

Capítulo 8: Cómo el apoyo social reduce el comer por ansiedad

El apoyo social es clave para superar el comer por ansiedad. Rodearte de personas que te comprendan y te brinden apoyo emocional puede marcar una gran diferencia en tu proceso de gestionar las emociones sin recurrir a la comida. Compartir tus experiencias con otros, ya sean amigos, familiares o grupos de apoyo, te ayuda a sentirte acompañado y menos abrumado en momentos de estrés.

En este capítulo, exploraré cómo construir una red de apoyo que te fortalezca emocionalmente. Aprenderás a comunicar tus necesidades de manera efectiva, de modo que quienes te rodean puedan ofrecerte la ayuda que realmente necesitas. Además, veré cómo establecer relaciones saludables que fomenten un entorno positivo y libre de juicios, ayudándote a evitar caer en los hábitos de comer por ansiedad. Al nutrir estos vínculos, estarás creando una base sólida para enfrentar los momentos difíciles sin recurrir a la comida como refugio.

- **8.1. Hablar con amigos y familiares sobre tus emociones**

Hablar con amigos y familiares sobre mis emociones ha sido una de las herramientas más poderosas que he encontrado para manejar mis sentimientos y mejorar mi bienestar emocional. La comunicación abierta no solo fortalece las relaciones, sino que también ayuda a liberar la carga emocional que a veces llevamos dentro. Cuando comparto lo que siento, puedo experimentar un alivio inmediato. La clave está en encontrar la manera de expresar esas emociones de forma clara y auténtica.

Cuando decido abrirme a alguien, busco un entorno que me haga sentir cómodo y seguro. Esto puede ser un café tranquilo, un paseo por el parque o simplemente estar en casa en un ambiente relajado. Aprecio el tiempo en el que no hay distracciones, permitiendo que la conversación fluya de manera natural. Me esfuerzo por ser honesto acerca de lo que estoy sintiendo. En lugar de solo decir "estoy bien", trato de profundizar en mis emociones. Puedo mencionar que estoy sintiendo ansiedad por el trabajo o que me siento abrumado por situaciones personales. Este enfoque sincero abre la puerta a una conversación más significativa.

Es importante también elegir bien a la persona con la que voy a compartir mis emociones. Busco a alguien que sepa escuchar y que pueda ofrecerme apoyo. No siempre necesito consejos; a veces, simplemente deseo ser escuchado. La empatía que recibo de mis amigos y familiares me ayuda a sentirme menos solo en mis luchas. La comprensión de que otros han pasado por situaciones similares puede ser reconfortante y me recuerda que no estoy aislado.

Cuando la conversación se desarrolla, puedo sentirme más ligero y capaz de afrontar mis desafíos. A menudo, los amigos y familiares ofrecen perspectivas que no había considerado, lo que me ayuda a ver mis problemas desde diferentes ángulos. Este intercambio de emociones no solo fortalece nuestras conexiones, sino que también me da una mayor claridad sobre mis propios sentimientos y pensamientos.

Hablar sobre mis emociones no siempre es fácil. Puede haber momentos en los que me sienta vulnerable o temeroso de ser juzgado. Sin embargo, he aprendido que la vulnerabilidad es una parte natural de ser humano. Al permitirme ser auténtico y expresivo, abro la puerta a la intimidad y la comprensión en mis relaciones. Con el tiempo, esta práctica se convierte en un componente esencial de mi bienestar emocional, y me permite construir un círculo de apoyo donde puedo ser yo mismo sin miedo ni reservas.

- **8.2. Grupos de apoyo y redes para evitar comer emocionalmente**

Los grupos de apoyo y las redes de contacto han sido un recurso invaluable en mi viaje para evitar comer emocionalmente. Al participar en estas comunidades, he encontrado un espacio donde puedo compartir mis luchas, aprender de los demás y recibir apoyo. Estos grupos ofrecen un sentido de pertenencia, ya que me rodeo de personas que entienden lo que estoy pasando y comparten experiencias similares. Esta conexión es fundamental para superar la soledad que a menudo acompaña a la lucha contra la comida emocional.

Un aspecto clave de estos grupos es la apertura que fomentan. Al estar rodeado de personas dispuestas a compartir sus historias, me siento más cómodo abriendo mi propio corazón. Escuchar a otros hablar sobre sus emociones y sus desafíos me ayuda a reflexionar sobre mis propias experiencias. A menudo, encuentro que las soluciones que otros han descubierto pueden ser aplicables a mí. Este intercambio de ideas crea un ambiente enriquecedor donde todos aprendemos unos de otros.

Al unirme a un grupo de apoyo, me he dado cuenta de que no estoy solo en esta lucha. Hay personas que han estado en mi lugar y que han encontrado maneras efectivas de gestionar sus emociones sin recurrir a la comida. Compartir estrategias y técnicas que funcionan se convierte en un ejercicio de empoderamiento colectivo. A veces, un simple consejo, como practicar la meditación o realizar ejercicios de respiración, puede marcar la diferencia en el momento de la tentación.

Los grupos de apoyo no solo se limitan a encuentros en persona; también he encontrado valiosos recursos en línea. Las plataformas digitales ofrecen una accesibilidad que me permite unirme a grupos sin importar dónde me encuentre. A través de foros, chats y redes sociales, puedo conectarme con personas que comparten mis objetivos. Esta flexibilidad me permite participar en discusiones, hacer preguntas y recibir apoyo en cualquier momento.

La regularidad en las reuniones de los grupos también me ha brindado estructura y compromiso. Saber que tengo un espacio reservado para hablar sobre mis emociones me ayuda a mantenerme enfocado en mis objetivos de bienestar. Cada sesión se convierte en un momento para reflexionar, aprender y crecer.

A medida que sigo participando en estos grupos, me doy cuenta de que el verdadero poder radica en la comunidad. La capacidad de compartir mis experiencias y recibir el apoyo de otros me ayuda a enfrentar mis desafíos con mayor confianza. Cada encuentro se convierte en una oportunidad para fortalecer mis herramientas emocionales, permitiéndome enfrentar la vida con una perspectiva más saludable. Estos grupos no solo me ayudan a evitar la comida emocional, sino que también me enseñan a abrazar mi vulnerabilidad y a encontrar fuerza en la conexión humana.

- **8.3. Crear un sistema de responsabilidad para mantener el control**

Crear un sistema de responsabilidad ha sido una de las estrategias más efectivas para mantener el control sobre mis hábitos alimenticios y emocionales. La clave está en establecer un marco que me mantenga consciente de mis decisiones y me brinde el apoyo necesario para mantenerme en el camino correcto. He encontrado que tener una red de apoyo y establecer metas específicas son componentes esenciales en este proceso.

Para empezar, he designado a un amigo cercano como mi "compañero de responsabilidad". Este es alguien en quien confío y que está dispuesto a apoyarme en mis esfuerzos por evitar comer emocionalmente. Compartimos nuestras metas y nos comprometemos a comunicarnos regularmente sobre nuestros progresos y desafíos. Este diálogo abierto me ayuda a sentirme menos aislado en mi lucha, ya que puedo expresar mis emociones y recibir retroalimentación sincera. Además, el solo hecho de saber que alguien está al tanto de mis esfuerzos me motiva a ser más disciplinado.

He establecido metas semanales específicas, como la cantidad de frutas y verduras que quiero consumir o el número de días que planeo hacer ejercicio. Anoto estas metas y las reviso regularmente, lo que me permite visualizar mi progreso y hacer ajustes según sea necesario. Esta práctica de autoevaluación es crucial. Cada semana, reflexiono sobre lo que funcionó y lo que no, y utilizo esta información para ajustar mi enfoque.

La creación de un diario de alimentos también ha sido una herramienta poderosa. Al registrar lo que como y cómo me siento antes y después de cada comida, puedo identificar patrones emocionales y desencadenantes. Este diario no solo me permite ser más consciente de mis hábitos, sino que también me proporciona un recurso para discutir con mi compañero de responsabilidad. Compartir mis entradas con él me ayuda a obtener una perspectiva externa y, a menudo, ilumina áreas que debo abordar.

Además, he encontrado útil establecer recordatorios visuales. Colocar notas adhesivas en lugares estratégicos de mi casa, como la nevera o mi escritorio, con mensajes motivadores o mis metas me mantiene enfocado. Estos recordatorios actúan como pequeñas intervenciones que me recalibran y me recuerdan por qué comencé este viaje.

A medida que implemento este sistema de responsabilidad, se convierte en una práctica regular en mi vida. Las reuniones con mi compañero de responsabilidad se vuelven un ritual que espero con ansias, ya que son momentos para compartir triunfos y desafíos. Este sistema no solo me ayuda a mantener el control sobre mis hábitos alimenticios, sino que también fomenta un sentido de comunidad y apoyo que es fundamental en mi viaje hacia el bienestar. Así, construir este sistema de responsabilidad me ha proporcionado las herramientas necesarias para gestionar mis impulsos y cultivar una relación más saludable con la comida y mis emociones.

Capítulo 9: Reentrenando la mente para manejar los antojos

Reentrenar tu mente es fundamental para manejar los antojos que a menudo te llevan a comer por ansiedad. Muchos de estos antojos son respuestas automáticas a tus emociones, pero puedes aprender a reconocerlos y gestionarlos de manera más consciente. Este proceso implica desarrollar una nueva forma de pensar sobre la comida y los impulsos que la rodean, permitiéndote responder en lugar de reaccionar.

En este capítulo, te presentaré diversas técnicas para cambiar la manera en que percibes y respondes a los antojos. Desde la práctica de la atención plena hasta la visualización, explorarás herramientas que te ayudarán a desafiar esos pensamientos y deseos impulsivos. Aprenderás a diferenciar entre un antojo emocional y una verdadera necesidad física, dándote la confianza para resistir y tomar decisiones más saludables que se alineen con tus objetivos de bienestar. A medida que reentrenes tu mente, estarás creando un espacio más saludable y equilibrado para tus hábitos alimenticios.

- **9.1. Estrategias para reducir los antojos sin alimentos**

Reducir los antojos sin recurrir a los alimentos es una habilidad esencial que he aprendido a lo largo de mi viaje hacia una relación más saludable con la comida. Con el tiempo, he desarrollado varias estrategias que me han ayudado a gestionar esos momentos de deseo intenso sin sucumbir a la tentación. Estas técnicas no solo me han permitido manejar los antojos, sino que también han fortalecido mi autocontrol y mi bienestar general.

Identificación de desencadenantes

El primer paso que tomé fue identificar los desencadenantes que generan mis antojos. A menudo, las emociones, situaciones o lugares específicos pueden hacer que anhele ciertos alimentos. Llevé un diario para registrar mis antojos, anotando cuándo ocurrían, qué sentía en ese momento y qué pensamientos pasaban por mi mente. Esta práctica me permitió reconocer patrones y, al hacerlo, pude desarrollar una conciencia más profunda de mis impulsos.

Alternativas saludables

A veces, mis antojos eran simplemente una necesidad de algo reconfortante. He aprendido a sustituir esos deseos por alternativas saludables que me proporcionan satisfacción sin culpa. Por ejemplo, cuando anhelo algo dulce, opto por un batido de frutas naturales o un yogur con frutos secos. Si el anhelo es salado, unas galletas de arroz con hummus o rodajas de pepino con guacamole son opciones que me sacian sin comprometer mis objetivos de salud.

Ejercicio físico

Incorporar actividad física en mi rutina ha sido fundamental. Cuando siento un antojo, dar un paseo corto o hacer ejercicio ligero me ayuda a despejar la mente y a liberar endorfinas, lo que a su vez reduce la intensidad del deseo. La actividad física no solo desvía mi atención de la comida, sino que también mejora mi estado de ánimo y me ayuda a sentirme más enérgico.

Mindfulness y respiración

La práctica del mindfulness ha transformado mi forma de lidiar con los antojos. Dedico unos minutos a practicar la respiración consciente. Al centrarme en mi respiración y en el momento presente, me vuelvo más consciente de mis pensamientos y emociones. Este simple acto me permite observar mis antojos sin juzgarlos, lo que reduce su poder sobre mí. A menudo, después de unos minutos de respiración consciente, descubro que el anhelo ha disminuido considerablemente.

Actividades alternativas

Encuentro que distraerme con actividades que disfruto puede ser una excelente manera de combatir los antojos. Dedico tiempo a mis pasatiempos, como la lectura, la jardinería o la pintura. Al sumergirme en algo que me apasiona, no solo evito el anhelo, sino que también invierto en mi bienestar emocional.

Implementar estas estrategias me ha proporcionado herramientas valiosas para manejar mis antojos sin recurrir a la comida. Cada día me esfuerzo por ser más consciente de mis necesidades y deseos, lo que me permite construir una relación más saludable con la comida y conmigo mismo. La práctica constante de estas técnicas no solo ha reducido mis antojos, sino que también me ha empoderado en mi camino hacia una vida más equilibrada y plena.

- **9.2. Cómo practicar la gratificación diferida para controlar impulsos**

Practicar la gratificación diferida ha sido una estrategia poderosa en mi vida para controlar impulsos, especialmente cuando se trata de la alimentación emocional. Este concepto implica la capacidad de resistir la tentación inmediata en favor de una recompensa más valiosa a largo plazo. Aprendí que al ejercitar esta habilidad, no solo puedo tomar decisiones más saludables, sino que también puedo fortalecer mi autocontrol y mejorar mi bienestar emocional.

Cuando enfrento el deseo de comer algo poco saludable o de satisfacer un impulso inmediato, me detengo y me pregunto: ¿qué es lo que realmente quiero a largo plazo? Este ejercicio mental me permite desviar la atención de la satisfacción instantánea hacia mis objetivos más significativos. Por ejemplo, si siento ganas de comer un dulce, en lugar de ceder de inmediato, me tomo un momento para reflexionar sobre cómo esa elección impactará en mi salud y en mi estado emocional en el futuro. Esta simple pausa es crucial.

Otra técnica que utilizo es el establecimiento de metas a corto y largo plazo. He aprendido a definir claramente mis objetivos, como perder peso, mejorar mi salud o aumentar mi energía. Cuando surgen los impulsos, recuerdo esos objetivos y visualizo cómo me sentiré al alcanzarlos. Esa conexión emocional me ayuda a priorizar la gratificación diferida sobre la satisfacción momentánea.

La creación de un entorno propicio también es fundamental. Mantener alimentos saludables y tener a mano alternativas más nutritivas me permite elegir opciones más favorables cuando surgen esos momentos de impulso. Si estoy en casa y siento la tentación de comer algo poco saludable, puedo optar por una pieza de fruta o un puñado de nueces en su lugar. Así, cambio la narrativa de "no puedo tener esto" a "puedo tener algo que es bueno para mí".

Practicar la atención plena resulta ser una herramienta valiosa en este proceso. Al estar presente en el momento y reconocer mis emociones, puedo gestionar mejor los impulsos. Practico la meditación o simplemente me tomo un momento para respirar profundamente y evaluar lo que realmente necesito en ese instante. Esta conexión con mis emociones me ayuda a entender que a menudo los impulsos no están relacionados con el hambre, sino con el estrés, el aburrimiento o la ansiedad.

Finalmente, celebrar mis logros, incluso los pequeños, refuerza mi motivación para continuar practicando la gratificación diferida. Cada vez que elijo no ceder ante un impulso, me reconozco por mi autocontrol y me enfoco en la recompensa a largo plazo que estoy construyendo para mí mismo. Al cultivar esta mentalidad, he desarrollado una relación más saludable con la comida y, en general, con mi bienestar. Practicar la gratificación diferida no es solo una técnica para controlar impulsos; es un camino hacia una vida más equilibrada y consciente.

- **9.3. El papel de la visualización en la superación de la ansiedad**

La visualización ha sido una herramienta poderosa en mi viaje para superar la ansiedad. A lo largo de mi vida, he experimentado momentos de inquietud y nerviosismo que, en ocasiones, parecían abrumadores. Sin embargo, he descubierto que la práctica de la visualización me permite crear un espacio mental seguro y pacífico, lo que a su vez me ayuda a gestionar mejor mis emociones.

Cuando siento que la ansiedad comienza a manifestarse, me detengo y cierro los ojos. Respiro profundamente, permitiendo que mi cuerpo se relaje mientras me preparo para la visualización. Visualizo un lugar donde me siento completamente en calma, un espacio que puede ser un jardín, una playa o cualquier otro entorno que me transmita tranquilidad. Este lugar, en mi mente, está lleno de colores vibrantes y sonidos suaves. Cada detalle es vívido, desde el aroma de las flores hasta el sonido de las olas rompiendo suavemente en la orilla. Esta imagen mental se convierte en mi refugio.

A medida que me sumerjo en esta visualización, me concentro en los sentimientos que este lugar evoca en mí: la paz, la alegría y la seguridad. Visualizarme en este entorno no solo me proporciona un escape momentáneo de la ansiedad, sino que también me ayuda a reprogramar mi mente para asociar estos sentimientos de calma con situaciones estresantes en mi vida diaria. Por ejemplo, antes de una presentación o un evento social, me visualizo enfrentando esas situaciones con confianza y tranquilidad. Veo cómo me comunico con facilidad y cómo los demás responden positivamente a mí. Este proceso de visualización refuerza mi autoconfianza y me prepara para manejar la ansiedad de manera más efectiva.

También he encontrado que la visualización es útil cuando necesito enfrentar situaciones específicas que generan ansiedad. Si sé que tendré que enfrentar un desafío difícil, como una reunión importante o una conversación delicada, me dedico a imaginar cómo será esa interacción. Visualizo el escenario, lo que diré, cómo me sentiré y cómo reaccionará la otra persona. Al hacerlo, me siento más preparado y menos ansioso, ya que he anticipado la situación en mi mente y me he visualizado teniendo éxito.

La visualización es un proceso que requiere práctica, pero cada vez que lo hago, siento que me acerco más a una vida libre de ansiedad. No se trata solo de escapar de la realidad, sino de empoderarme para enfrentarla con una nueva perspectiva. Esta técnica no solo me brinda alivio inmediato, sino que también me ayuda a construir una base sólida para el manejo de la ansiedad en el futuro. A través de la visualización, he aprendido a cultivar una mentalidad más positiva y resiliente, lo que ha transformado mi relación con la ansiedad.

Capítulo 10: Manteniendo los cambios a largo plazo

Lograr cambios significativos en tu relación con la comida y la gestión de la ansiedad es solo el primer paso; mantener esos cambios a largo plazo es donde realmente se pone a prueba tu esfuerzo. A menudo, después de un periodo de motivación, es fácil caer en viejos hábitos y reacciones emocionales. Sin embargo, crear una estrategia sólida que te permita mantener estos nuevos enfoques en tu vida diaria es esencial para tu bienestar a largo plazo.

En este capítulo, te ofreceré herramientas y consejos prácticos para consolidar y sostener los cambios que has logrado. Desde la importancia de establecer metas realistas hasta la creación de un plan de acción adaptativo, aprenderás a navegar los altibajos de la vida sin perder de vista tus objetivos. También exploraré cómo celebrar tus éxitos, por pequeños que sean, y cómo buscar apoyo cuando lo necesites. Al final de este viaje, tendrás la confianza y las habilidades necesarias para seguir avanzando hacia una vida más saludable y equilibrada, libre de la ansiedad alimentaria.

- **10.1. Cómo prevenir recaídas en el comer emocional**

Prevenir recaídas en el comer emocional es un aspecto crucial de mi viaje hacia una relación más saludable con la comida. He aprendido que la conciencia de mis emociones y el desarrollo de estrategias efectivas son fundamentales para evitar caer nuevamente en viejos patrones. A continuación, comparto algunas técnicas que me han ayudado en este proceso.

La autorreflexión juega un papel esencial en la prevención de recaídas. Dedico tiempo a identificar las emociones que me llevan a comer de manera impulsiva. A menudo, me doy cuenta de que el estrés, la tristeza o la soledad son disparadores comunes. Mantener un diario emocional ha sido un recurso valioso. Cada vez que siento la necesidad de comer, anoto lo que siento, qué me llevó a esa emoción y cómo respondí. Este ejercicio me ha permitido ser más consciente de mis patrones y de las situaciones que me predisponen al comer emocionalmente.

Otra estrategia clave es establecer un sistema de apoyo. Hablar con amigos y familiares sobre mis luchas me brinda una red de apoyo. No solo me siento menos solo en esta lucha, sino que también recibo consejos y perspectivas que a menudo no había considerado. Además, unirme a grupos de apoyo me ha proporcionado un espacio seguro para compartir mis experiencias y aprender de los demás. La conexión con personas que enfrentan desafíos similares refuerza mi compromiso con el cambio.

Implementar una rutina diaria es otra forma efectiva de prevenir recaídas. He creado horarios estructurados para mis comidas, ejercicio y momentos de autocuidado. Esto me ayuda a mantenerme enfocado y a evitar momentos de inactividad en los que podría recurrir a la comida por aburrimiento o estrés. Planificar mis comidas también es esencial. Asegurarme de que tengo opciones saludables y sabrosas disponibles me ayuda a evitar la tentación de comer alimentos poco saludables en momentos de debilidad.

La práctica de técnicas de relajación, como la meditación y la respiración profunda, ha sido fundamental para manejar la ansiedad que a menudo me lleva a comer emocionalmente. Estas prácticas me permiten conectarme con mis emociones de manera más saludable, lo que me ayuda a lidiar con ellas sin recurrir a la comida.

Finalmente, he aprendido a ser amable conmigo mismo. La prevención de recaídas no significa ser perfecto. Habrá días en los que pueda caer en viejas costumbres, y eso está bien. Lo importante es reconocer esos momentos sin juzgarme y aprender de ellos. En lugar de sentir culpa, me pregunto qué puedo hacer de manera diferente la próxima vez. Este enfoque compasivo me ayuda a mantenerme motivado y a seguir adelante en mi viaje hacia una relación más saludable con la comida. Prevenir recaídas en el comer emocional es un proceso continuo, pero cada pequeño paso me acerca más a mis objetivos y me ayuda a construir una vida más plena.

- **10.2. Reforzando hábitos saludables a lo largo del tiempo**

Reforzar hábitos saludables a lo largo del tiempo es una parte fundamental de mi compromiso con un estilo de vida más equilibrado. Este proceso no es simplemente una fase temporal; se trata de un viaje continuo que requiere atención y dedicación. A lo largo de mis experiencias, he aprendido que hay varias estrategias que me ayudan a solidificar estos hábitos y mantenerlos a largo plazo.

Comienzo por establecer metas claras y alcanzables. En lugar de hacer cambios drásticos de una sola vez, divido mis objetivos en pasos más pequeños y manejables. Por ejemplo, si mi meta es comer más frutas y verduras, comienzo incorporando una porción extra de vegetales en mis comidas diarias. Este enfoque gradual me permite sentirme menos abrumado y me ayuda a mantener la motivación, ya que celebro cada pequeño logro.

La planificación es otra herramienta clave en mi arsenal. Dedico un tiempo cada semana para planificar mis comidas y hacer una lista de compras. Esta actividad no solo me ayuda a asegurarme de que tengo opciones saludables disponibles, sino que también reduce la probabilidad de caer en la tentación de elegir alimentos menos saludables por conveniencia. Tener un plan claro me brinda la seguridad de que estoy cuidando mi bienestar.

El autocontrol también es esencial. He aprendido a ser consciente de mis desencadenantes emocionales y de las situaciones que pueden llevarme a hábitos no saludables. Si sé que el estrés es un factor que me lleva a buscar comida reconfortante, busco alternativas saludables para manejar esa ansiedad. Practico técnicas de relajación como la meditación, el yoga o simplemente salir a caminar para despejar mi mente. Estas herramientas me permiten abordar mis emociones de manera constructiva y evitar la alimentación emocional.

Además, es importante rodearme de un ambiente positivo. Al crear un espacio que fomente hábitos saludables, refuerzo mis elecciones. Por ejemplo, al mantener alimentos saludables visibles y accesibles, me es más fácil elegir opciones nutritivas. También comparto mis objetivos con amigos y familiares, quienes me brindan apoyo y me animan a seguir en el camino correcto.

Por último, la autoevaluación es una práctica continua en mi vida. Regularmente reviso mis hábitos y reflexiono sobre qué está funcionando y qué no. Esta evaluación me permite hacer ajustes en mi enfoque y adaptarme a nuevas circunstancias. Mantener un diario puede ser útil en este sentido, ya que me brinda un espacio para registrar mis éxitos y desafíos, así como para identificar patrones que puedo mejorar.

Reforzar hábitos saludables no se trata de ser perfecto; se trata de ser constante y estar dispuesto a aprender de mis experiencias. Este enfoque me ha permitido construir una base sólida para un estilo de vida saludable que perdura a lo largo del tiempo. Al adoptar un enfoque amable y flexible, sigo avanzando en mi camino hacia una vida más equilibrada y plena.

- **10.3. Monitorear tu progreso emocional y alimenticio regularmente**

Monitorear mi progreso emocional y alimenticio regularmente es una práctica fundamental que he integrado en mi vida para mantenerme en el camino correcto hacia un estilo de vida más saludable. Este proceso no solo me ayuda a estar al tanto de mis elecciones, sino que también me brinda una visión clara de cómo mis emociones y mis hábitos alimenticios están interconectados. La clave está en ser consciente y reflexivo sobre mis acciones y reacciones.

Comienzo estableciendo un sistema que me permite hacer un seguimiento de mis emociones y mi alimentación. Una de las herramientas más efectivas que he encontrado es llevar un diario, donde anoto mis comidas y mis estados de ánimo a lo largo del día. Al registrar lo que como y cómo me siento, puedo identificar patrones que pueden ayudarme a comprender mejor mis desencadenantes emocionales. Por ejemplo, si noto que consumo más alimentos reconfortantes en días de alta ansiedad, puedo tomar medidas para abordar ese estrés de manera más constructiva.

Además, me gusta incluir reflexiones sobre mis elecciones alimenticias. Preguntarme por qué elegí ciertos alimentos en momentos específicos me permite profundizar en mis motivaciones. Al reflexionar sobre mis decisiones, puedo ver si estoy comiendo por hambre real o por otras razones, como el aburrimiento o el estrés. Este tipo de autorreflexión es esencial para desarrollar una relación más saludable con la comida.

Otro aspecto crucial del monitoreo es la autoevaluación regular. Cada semana, me tomo un tiempo para revisar mi diario y evaluar mi progreso. Este ritual me permite ver qué estrategias han funcionado bien y cuáles pueden necesitar ajustes. También me ayuda a celebrar mis logros, por pequeños que sean, lo que refuerza mi motivación para continuar. Reconocer mis éxitos, como elegir una merienda saludable o practicar la atención plena al comer, es vital para mantener una mentalidad positiva.

He aprendido que compartir mis avances con amigos o familiares de confianza también es beneficioso. Al hablar sobre mis experiencias, recibo apoyo y, a veces, nuevas perspectivas que me ayudan a seguir adelante. La conexión social puede ser un gran motivador, y saber que tengo a alguien que me apoya hace que el viaje sea más fácil y agradable.

Por último, es importante ser compasivo conmigo mismo durante este proceso. No siempre voy a tener días perfectos, y eso está bien. La clave está en aprender de las dificultades y no desanimarme. Monitorear mi progreso emocional y alimenticio es una herramienta que me ayuda a mantenerme consciente y a hacer ajustes cuando sea necesario. Este compromiso constante conmigo mismo me permite crecer y avanzar hacia un estilo de vida más equilibrado y satisfactorio.

Agradecimientos

Quiero expresar mi más sincero agradecimiento a todas las personas que me han acompañado en este viaje de escritura y descubrimiento personal. Este libro no habría sido posible sin el apoyo incondicional de mi familia y amigos, quienes me animaron a seguir adelante en cada paso del camino.

A mis padres, por inculcarme desde pequeño la importancia del autocuidado y la salud emocional. Su amor y sabiduría han sido una fuente constante de inspiración. A mi pareja, por ser mi refugio en momentos de incertidumbre y por su capacidad de escucharme sin juzgarme. Tus palabras de aliento han sido un faro en los momentos más oscuros.

A mis mentores y profesionales de la salud que compartieron sus conocimientos conmigo, brindándome las herramientas necesarias para comprender mejor la relación entre la alimentación y las emociones. Su generosidad al compartir su experiencia ha enriquecido este libro y, sin duda, ha impactado en la vida de muchos.

A mis lectores, por su valentía al enfrentar sus propios desafíos emocionales. Espero que encuentren en estas páginas no solo estrategias prácticas, sino también un sentido de empatía y comprensión. Ustedes son la razón por la que escribo; cada historia compartida me motiva a seguir en la búsqueda de soluciones para ayudar a quienes lidian con la ansiedad y el comer emocional.

Quiero agradecer también a mi equipo de edición, cuyo profesionalismo y dedicación han hecho posible que este libro vea la luz. Su atención al detalle y su compromiso con la calidad han sido fundamentales en este proceso.

Por último, a todos aquellos que han enfrentado sus propias luchas con la alimentación y la ansiedad. Su resiliencia es un ejemplo para todos. Este libro es para ustedes; que juntos podamos encontrar un camino hacia el bienestar emocional y la libertad en nuestra relación con la comida.

Con gratitud,

Juan Pablo Soler